U0142604

隱私學習手冊

Privacy Book

Learning About Privacy

Center for Civic Education 原著
財團法人民間公民與法治教育基金會 策劃出版

Address:5145 Douglas Fir Road Calabasas, CA 91302
Tel:(818)5919321 Fax:(818)5919330

國家圖書館出版品預行編目資料

隱私：學習手冊 / Center for Civic Education原著；郭菀玲譯. -- 初版. -- 臺北市：民間公民與法治教育基金會, 五南, 2014.4
面； 公分
譯自：Learning About Privacy Activity Book
ISBN 978-986-89947-2-0（平裝）

1. 公民教育 2. 民主教育 3. 隱私權

528.3 102024903

民主基礎系列《學習手冊》——隱私

原著書名：Learning About Privacy Activity Book
著 作 人：Center for Civic Education（http://www.civiced.org/）
譯　　者：郭菀玲
策　　劃：林佳範
本書總編輯：李岳霖
董 事 長：張迺良
出 版 者：財團法人民間公民與法治教育基金會
編輯委員：陳秩儀、李翠蘭、朱惠美、許珍珍
責任編輯：許珍珍
地　　址：104台北市松江路100巷4號5樓
電　　話：（02）2521-4258
傳　　真：（02）2521-4245
網　　址：www.lre.org.tw

合作出版：五南圖書出版股份有限公司
發 行 人：楊榮川
地　　址：106台北市大安區和平東路二段339號4樓
電　　話：（02）2705-5066（代表號）
傳　　真：（02）2706-6100
劃　　撥：0106895-3

版　　刷：2014年4月初版一刷
定　　價：150元

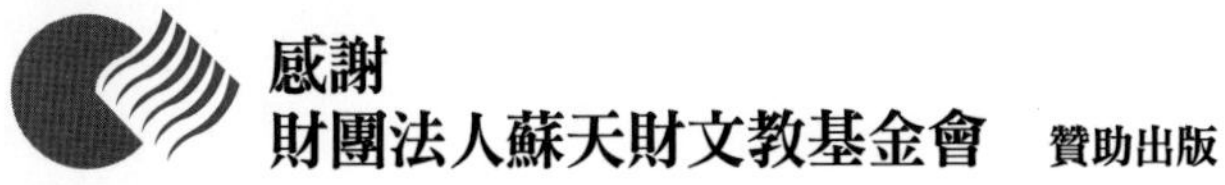

出版緣起

財團法人民間公民與法治教育基金會董事　黃旭田

2002年3月，耶魯大學法學院Carroll D.Stevens及Barbara Safriet兩位教授在台北律師公會和國人分享美國法治教育的經驗、同年9月筆者和張澤平律師、黃三榮律師獲邀至日本茨城縣筑波市參加關東弁護士會2002年年會分享台灣法治教育的努力；一轉眼台灣推動法治教育與國際接軌已超過十年。

我們在日本首次知道美國公民教育中心（Center for Civic Education，簡稱CCE）出版了民主基礎系列叢書（Foundations of Democracy：Authority、Privacy、Responsibility、Justice），可供各個年齡層教學使用，於是我們決定將之翻譯後導入國內。2003年7月，筆者和台師大公領系的林佳範教授親訪公民教育中心，取得同意授權由我們在台灣出版這系列圖書的中文版。當年9月這套教材的K-2系列（Instructional Procedures for Prereaders），在國內以「泡泡伯與菲菲　認識權威」、「小魚潔西　認識隱私」、「動物管理員　認識責任」、「熊熊家族　認識正義」名稱出版，另外並有一本「民主基礎系列《指導手冊》」，這系列，國內稱為「兒童版」，出版至今已印製逾三萬餘套；另外並在2010年間出版大字版，可供老師在教學現場使用。接著在2005年11月這系列教材的3-5系列（Elementary Level），以「認識權威（少年版）、認識隱私（少年版）、認識責任（少年版）、認識正義（少年版）」名稱出版，同樣也同時出版一本「民主基礎《少年版教師手冊》」供老師使用，這系列國內簡稱為「少年版」；少年版並於2010年至2012年間陸續改換版面，並交由五南圖書出版股份有限公司合作發行。這套教材的6-9系列（Middle School Level And Above），自2007年9月至2008年3月間陸續發行中文版，書名為「挑戰未來公民——權威」、「挑戰未來公民——隱私」、「挑戰未來公民——責任」、「挑戰未來公民——正義」，另外也仍然一併出版「挑戰未來公民——教師手冊」，同樣由五南圖書出版股份有限公司合作出版，國內稱之為「公民版」。

這三套書在國內推廣時，兒童版主要用於幼稚園至低中年級，少年版主要用於國小高年級和國中；公民版主要用於高中及大專；然而老師實際運用時常反映國小階段不同的孩子心智發展有別，對某些中年級的孩子（也包括某些低年級或甚至高年級的孩子），兒童版太淺，而少年版又太深；因此我們決定將美國原本與兒童版一併發行的「Activity Book」也予以翻譯出版，書名就稱為「權威」學習手冊、「隱私」學習手冊、「責任」學習手冊、「正義」學習手冊；同時為配合教學現場，每一冊的教師手冊都獨立成冊，也就是每一個主題都有一本學習手冊，再加上一本教師手冊。這套書或許可稱為＜較大兒童版＞，配合原本的兒童版與少年版，相信能讓老師依據孩子的狀況，有更適合的教材可供選擇使用。

本套書的出版承蒙財團法人蘇天財文教基金會贊助，在此特別感謝，當然全國各地許多老師與家長的鼓勵與鞭策，更是我們工作上最大的動力。

回首過往，1996年5月台北律師公會成立「法律教育推廣委員會」、1998年民間司改會成立「法治教育小組」；2003年來自民間的扶輪社友加入推廣法治教育的行列，並且與台北律師公會、民間司改會共同在財團法人中華扶輪教育基金會下設「法治教育向下扎根特別委員會」，導入美國公民教育中心的各系列教材；2006年在金士頓公司孫大衛先生捐款挹注下，交棒在民間司改會下設「法治教育向下扎根中心」；2011年年底更擴大組織獨立為「財團法人民間公民與法治教育基金會」，每一次的組織改造就代表著一次力量的茁壯，不過，我們的初衷從未改變，那就是藉由教育向下扎根，進而深化民主基礎，建設台灣成為一個優質的公民社會！

放眼當今，世界與台灣到處都是貧富差距、經濟衰退，國家內部常見朝野對抗、國際間則不斷發生主權衝突。其實如果能夠反思「有沒有好的領導人與規則（權威）」、「每個人有沒有被尊重（隱私）」、「誰該負責（責任）」、「這樣公平嗎（正義）」，用對話、傾聽、思辯進而決定，世界不會完美，但一定會變得比較好。這一系列的教材能夠給孩子帶得走的能力，請支持民間公民與法治教育基金會，並且與我們一起努力推廣，謝謝。

隱私／學習手冊

三　出版緣起

1　第一課　什麼是隱私？

13　第二課　為什麼每個人會採取不同的方法來保有隱私？

25　第三課　如何決定自己想不想保有隱私？

37　第四課　會議該有多少隱私？

43　第五課　怎麼判斷隱私是否過度？

57　第六課　威爾森該不該保密？

LESSON1

1 第一課 什麼是隱私？

本課會學到的概念

「隱私」對你而言可能是個新名詞。在這一課裡我們將學到大家想保有隱私的事物不一樣，也會用不同的方法來維護這些隱私。

LESSON 1

本課詞彙

隱私　秘密

什麼是隱私？

這裡有一些觀念，可以幫助大家認識「隱私」。

- 保守秘密的時候，你享有隱私。
- 一個人在房間裡，大家都看不到你、也聽不到你的時候，你享有隱私。
- 和某個朋友一起玩，不讓別人加入的時候，你享有隱私。

大家想要保有隱私的事物有哪些？

「小魚潔西」的故事

還記得小魚潔西的故事第一章裡面的內容嗎？潔西很喜歡玩扮演遊戲，毛毛也是，他們在隱私方面碰到了一些問題，我們來看看他們的問題。

「你們看，潔西好像是一隻又大、又兇惡的鯊魚耶！」

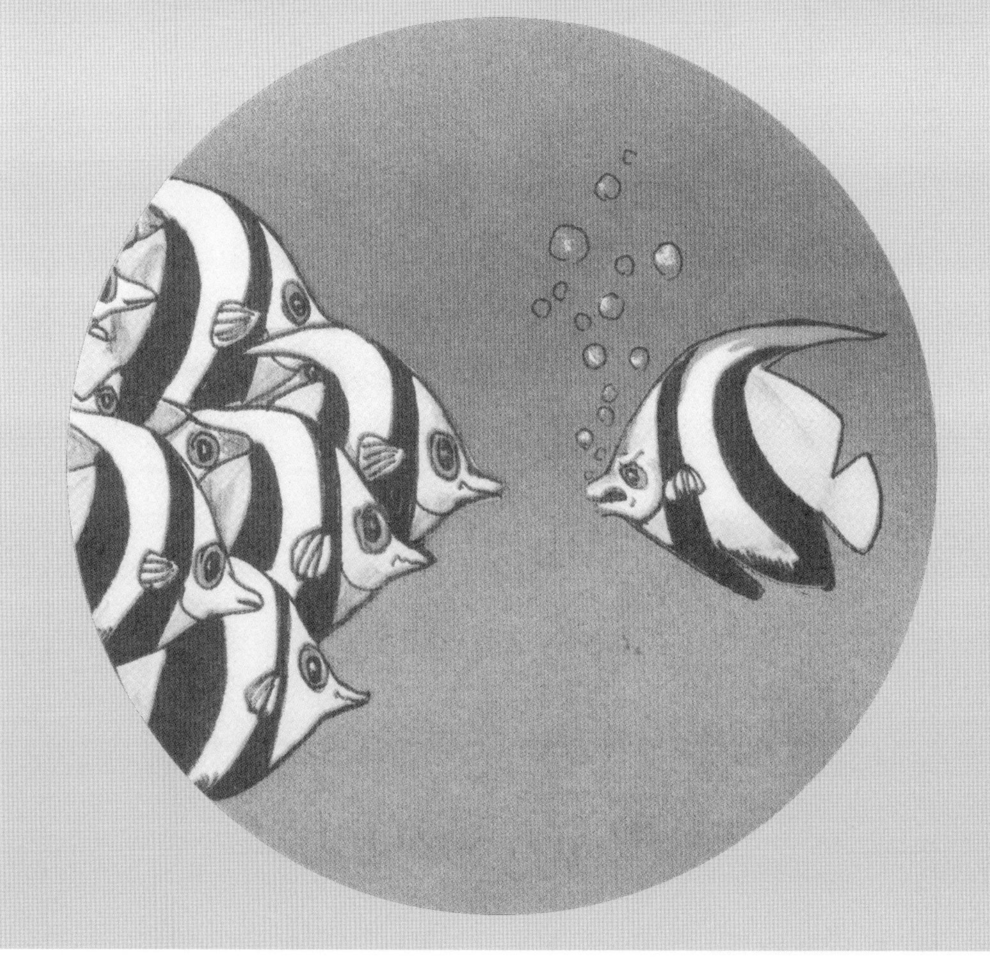

「她還是一隻冠軍海馬呢！」小魚們嘲笑著說：「潔西看起來是不是有點呆呆的呢？」

「你們幹嘛一直盯著我看呢？」潔西對著旁邊的小魚大聲吼：「爲什麼不讓我一個人好好玩一下呢？」

小魚潔西希望保有什麼樣的隱私？

她想保有的隱私，是不希望讓誰知道？

她採取了什麼樣的做法來保有這些隱私？

「妳可以叫我毛毛。我告訴妳一個秘密，但是妳要答應我，不可以告訴別人。我一個人的時候，會假裝自己是個大海怪，就像這樣！」

忽然間，毛毛的頭髮整個散開，臉上做出可怕的鬼臉，嘴巴發出大吼大叫的聲音。

「有一次，我把自己都嚇壞了！」毛毛告訴潔西。「請妳不要告訴別人喔！我不想讓別人知道我也被自己嚇到過。」

毛毛希望保有什麼樣的隱私？

他想保有的隱私，是不希望讓誰知道？

他採取了什麼樣的做法，來保有這些隱私？

「潔西，」莉莉在叫她，「妳好像游到另外一個世界去了，妳到底在想什麼呀？」

「我們聊一聊好嗎？」潔西問，「我們游到旁邊去，不要讓別人聽到我們的談話。」

小魚潔西希望保有什麼樣的隱私？

她想保有的隱私，是不希望讓誰知道？

她採取了什麼樣的做法，來保有這些隱私？

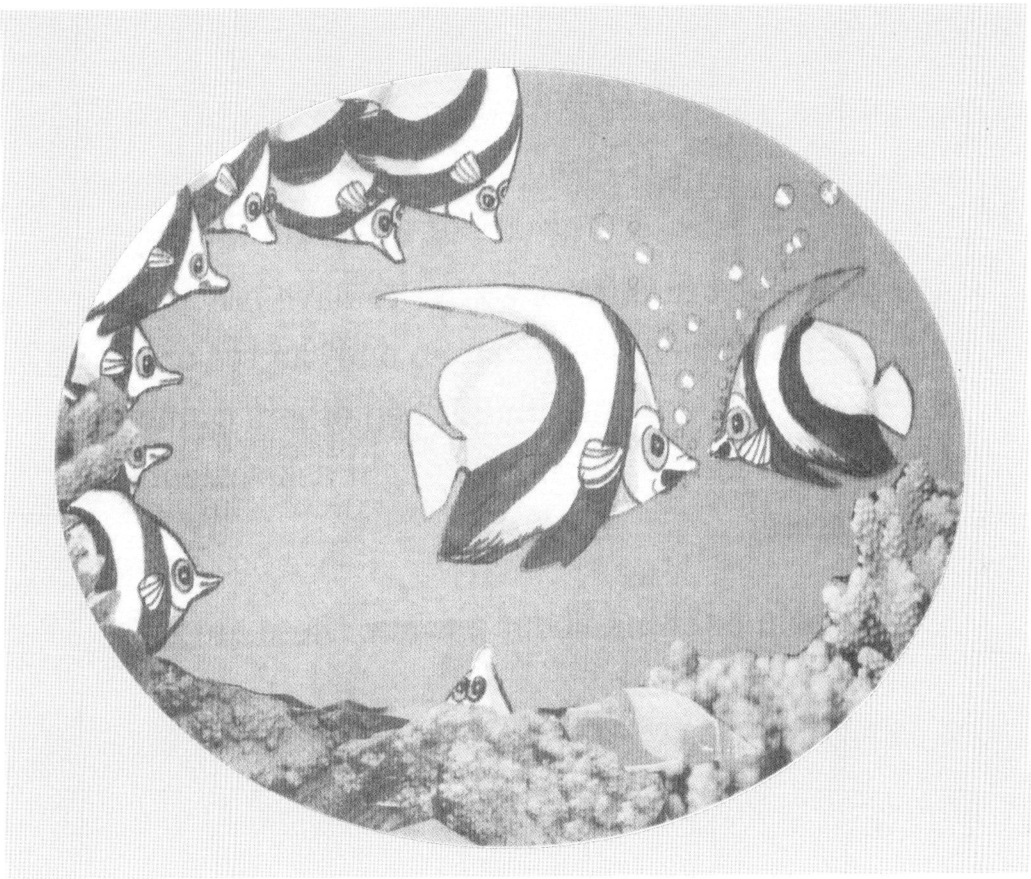

哪些事情大家可能想保有隱私？

很多事情我們可以保有隱私。譬如：

➔ 打電話

➔ 某個特別的玩具

➔ 朋友的姓名

➔ 我們住的地方

每個人會採取各種不同的方法，來保有隱私。我們可能想要一個人獨處，不想讓別人看見，也不想讓別人聽見；我們希望隱藏某些事物，不想讓別人看見；我們心裡希望保有某個秘密，也希望別人能保密。

爲了幫助我們認識隱私，我們可以問下列這些問題：

誰想要有隱私？

這個人想要保有什麼樣的隱私？

這個人想保有的隱私，是不希望讓誰知道？

這個人採取什麼樣的做法，來保有隱私？

請看看以下這六個例子，運用第8頁所提的問題來幫助自己一題一題的進行思考，然後把答案寫在「保有隱私」表格上。

1. 班喜歡唱歌，他只在自己一個人的時候唱歌。

2. 瑪莉亞有一本日記簿，她把日記簿藏起來，不讓哥哥看。

3. 安東養了一隻青蛙當寵物，他不想讓姊姊知道這件事，他請媽媽不要告訴姊姊。

4. 克莉絲蒂寫信給朋友，她不想讓別人看她寫的信，所以她都用密碼寫。

5. 喬在房門上掛了個牌子，上面寫著：「請敲門！」

6. 孩子們參加拼字測驗，他們請老師不要公布每個同學錯了幾題。

展示學習成果

閱讀蘇珊和湯米的故事，然後編一齣戲，演出蘇珊想保有什麼樣的隱私，還有她採取了哪些做法，來保有隱私。

「著色簿」

蘇珊很喜歡著色，她喜歡把圖畫弄得漂漂亮亮再拿給人家看。

「我能不能看看妳著色簿裡面的圖畫？」湯米問蘇珊。

「不行，湯米。」蘇珊說，「我還不想讓任何人看我的畫。」

經過了一段很長的時間，蘇珊塗好了顏色。她把著色簿拿去給湯米看。

「湯米，你看。」蘇珊說，「看看我的畫，你看這些畫有多漂亮。」

1.從報紙或雜誌上找出一些能表達隱私的圖片，把這些圖片帶到課堂上來，向班上同學說明爲什麼這些圖片表達了隱私。

2.請全班同學同心協力，說或寫一個關於隱私的故事。可以由一個人先開頭，然後每個人加上一個想法，等故事說完以後，找出其中有關隱私的部分。

LESSON2

第二課 為什麼每個人會採取不同的方法來保有隱私？

本課會學到的概念

每個人想要保有隱私的內容不同，而且會採取各種不同的方法，來保有隱私。在這一課裡，你會學到造成這些差異的原因。

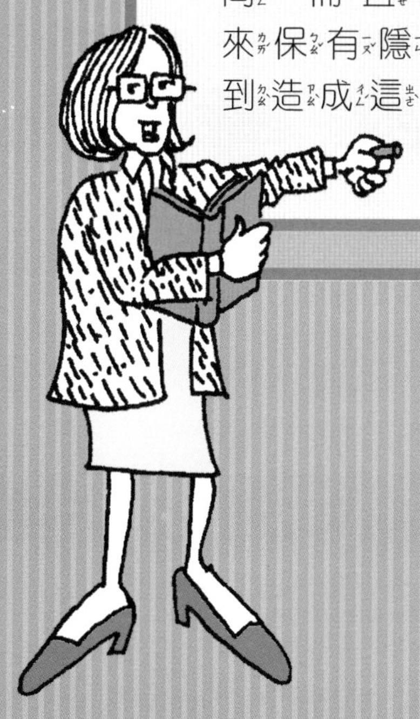

LESSON 2

人們對隱私有什麼不同的想法？

很多人都想保有隱私，可是每個人想保有隱私的內容可能不太一樣。大家也會採取各種不同的方式，來保有隱私。

「小魚潔西」的故事

還記得小魚潔西的故事，第二章裡面的內容嗎？潔西、毛毛和莉莉……對隱私有不同的感受，他們爲什麼有不同的感受？

「毛毛，有一個屬於自己的地方眞好。只是那群小魚讓我很煩，他們老是喜歡聚在一起，不明白爲什麼我需要一個自己的地方。」

魚群中的其他小魚對隱私有什麼樣的感受？

爲什麼潔西對隱私的感受可能不同？

「潔西，我來告訴妳我的故事。」毛毛說。「我是在一個罐子裡長大的，罐子裡總共有五十隻小蟲蟲，大家一起在裡面擠來擠去、扭來扭去，我哥哥大毛很喜歡住在那個罐子裡，他喜歡分享所有的事情，他沒有秘密。」

毛毛接著說：「但是我正好相反，我想要趕快離開那個罐子。現在，我擁有許多隱私，可以到處漂來漂去，除非我願意，否則沒人可以打擾我。」

大毛對隱私有什麼樣的感受？

爲什麼毛毛對隱私的感受可能不同？

我們魚群中的小魚根本不瞭解隱私。喔，我記得有一次，附近來了一隻大鯊魚，莉莉……就叫大家聚集在一起，趕快躲起來。不過小魚們本來就很喜歡聚在一起。

莉莉對隱私有什麼樣的感受？

爲什麼莉莉對隱私的感受可能不同？

為什麼每個人對隱私的感受不同？

有些人喜歡保有隱私，有些人則不喜歡，每個人都不一樣。

有些家庭總是喜歡聚在一起，有些家庭則不喜歡，家庭影響了我們對隱私的概念。

有些人在工作時需要隱私，有些人在讀書時需要隱私，有些人做事或玩遊戲時需要隱私。

有些人很想保有隱私，但卻沒有一個地方可以獨處。

閱讀華特與彼得的故事，說說看爲什麼華特與彼得對隱私的看法不同。

彼得很喜歡做模型船。他想要自己一個人做。彼得自己一個人住，有時他會去看爸媽。彼得的爸媽住在樹林中靠近湖邊的小屋裡，他們沒有半個鄰居。

華特和八個兄弟姊妹一起長大，他們住在一間小小的公寓。現在，華特有了自己的家，他和六個孩子一起住在一間大房子裡。他喜歡做模型飛機，當他要去工作室的時候，他會邀小孩子和他一起。

展示學習成果

閱讀瑪麗的故事。畫一則像報紙上的連環漫畫。首先，先在一張紙上畫出四個方格，然後在每個方格裡畫一幅畫，畫出瑪麗在一天中，對隱私有什麼樣的感受，說說看你爲什麼覺得瑪麗有這樣的感受。

農場

瑪麗住在農場裡，她和父母以及三個姊妹住在一起。農場裡有很多工作要做。

有時瑪麗喜歡保有隱私，有時她喜歡和朋友、家人在一起。

瑪麗很早就起床，一個人去擠牛奶和餵乳牛，然後獨自騎著腳踏車去上學。她不搭校車。

到了學校，瑪麗喜歡和朋友在一起，她喜歡和他們一起吃午飯。

放學回家後，瑪麗有功課要做。她的房間裡有一張書桌，在那裡，沒人可以打擾她。

吃晚飯的時候，全家人又都聚在一起，分享白天發生的點點滴滴。

瑪麗喜歡在上床之前，有獨處的時間。在這

段時間裡，她可以玩自己的消防車。她從來沒有把這些消防車拿給別人看過，就連她的姊妹或朋友都沒看過。

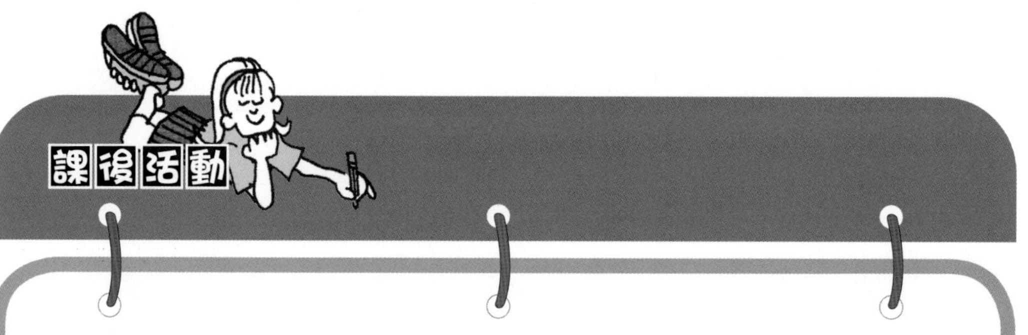

課後活動

1. 畫兩幅畫。第一幅畫畫一間小小的房子，住在這間小房子裡的家庭有很多小孩。

   另一幅畫畫一間大房子，住在這間大房子裡的家庭只有兩個小孩。

   假裝你分別住在這兩間房子裡。說說看住在這兩間房子裡的隱私有什麼不同。把畫好的畫拿給全班同學看。

2.假裝你是一個電視節目的主持人，請一些學生擔任知名的來賓，這些來賓可以是作家、科學家，也可以是其他任何身份。請這些來賓談談「隱私」，想出一些問題來問你的來賓。你可以問有哪些事情是他們想保有的隱私；會採取什麼樣的行動來保有這些隱私；爲什麼會採取這樣的方法來保有這些隱私。小心不要問對方可能不想回答的問題。

3.寫一首詩或一首歌。在詩裡或歌裡展現出自己對保有隱私的感受。

LESSON3

第三課 如何決定自己想不想保有隱私？

本課會學到的概念

當我們保有隱私的時候，可能會出現某些狀況，有些狀況是好的，有些卻可能引發問題。先了解可能發生的狀況，可以幫助你決定，自己是不是想保有隱私。在這一課裡，你會學到如何決定自己是不是想保有隱私。

LESSON 3

本課詞彙

決定　自由

我們為什麼要知道，保有隱私可能出現的狀況？

你知道保有隱私可能對我們有幫助，也知道保有隱私可能引發問題。如果你想保有隱私，先想想可能出現的狀況。想想好處，再想想有問題的地方，這樣你就可以做一個比較好的決定。

「小魚潔西」的故事

還記得小魚潔西的故事，第三章裡面的內容嗎？潔西保有隱私的時候，有些好事發生了，不過隱私也讓她碰上某些問題。我們來看看你還記不記得這些問題。

「喔，毛毛，我最近一直很忙。一天當中的大部分時間，我都待在魚群裡，不過，只要我有空，

我就會游到我的小岩洞裡，那是個很棒的地方，毛毛，那裡是我的神奇城堡。」

潔西一個人在小岩洞裡的時候，發生了哪些好事情？

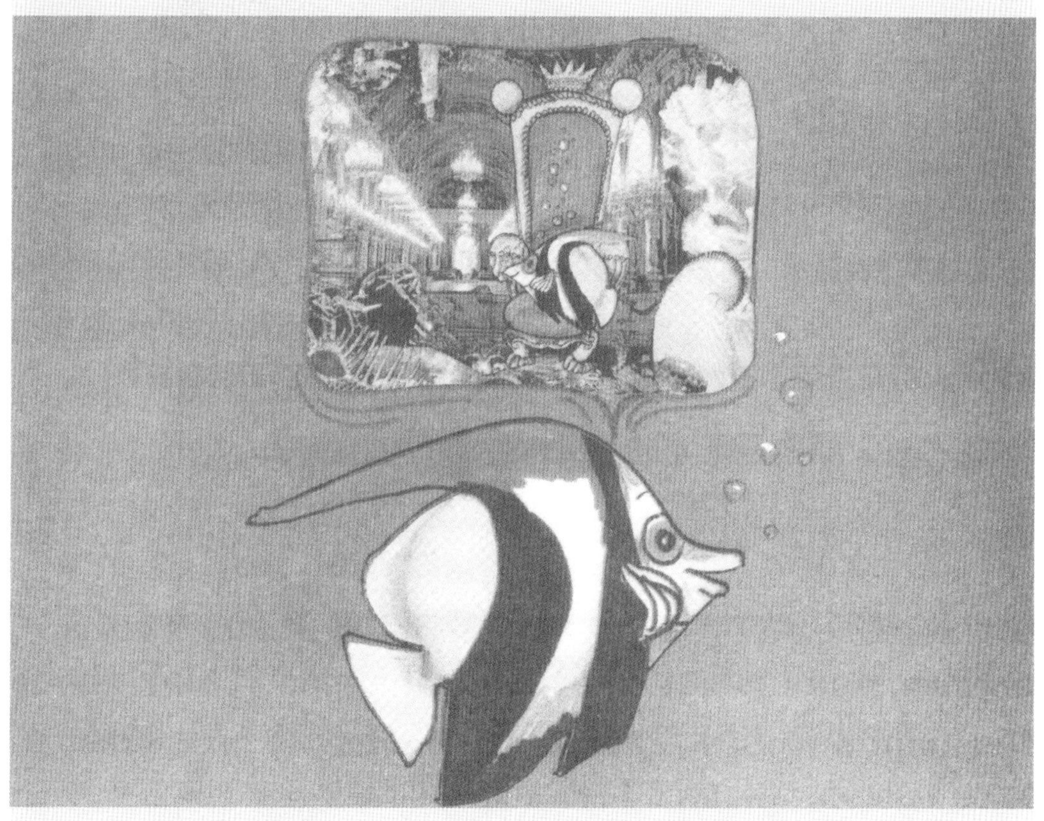

　　潔西又來到小岩洞，但是她的心裡卻高興不起來。她試著想新遊戲，也試著玩以前的舊遊戲，這些遊戲都變得很無趣。她的神奇城堡現在顯得既冷清又孤單。

LESSON 3

潔西保有隱私的時候，碰上了哪些問題？

當我們保有隱私的時候，可能會出現哪些狀況？

以下是保有隱私的一些好處：

- 我們可以享有自由。我們可以自由自在地思考與行動，不必擔心別人對我們有什麼樣的看法。
- 我們可以確定沒有人會嘲笑我們。
- 我們可以感覺很安全。我們可以真實面對自己的感覺。

➔ 我們可以充滿創意。我們可以在不受他人打擾的情況下，做事或製作一些東西。

以下是隱私可能帶來的一些問題：

➔ 我們可能無法從他人那裡學到新想法或新的做事方法。

➔ 我們可能會覺得很寂寞。

➔ 我們可能無法糾正錯誤。

➔ 我們可能沒有安全感，這點對小孩子來說十分重要。有些事情小孩子不能保有隱私。

閱讀土庫和席塔的故事。然後將第33頁問題的答案寫在老師發給你的「隱私：好處和問題」的思考工具表上。

土庫和席塔

土庫正和他的大象一起，準備到河邊去洗澡的時候，在路上碰到席塔。

「我能不能跟你一起去？」席塔問。

「很抱歉，不行。」土庫說。

「喔，拜託你讓我一起去。我從來都沒有去過叢林裡，也沒有騎過你的大象。」席塔苦苦哀求。

「很抱歉，」土庫說，「有些事我需要自己一個人做。再見，席塔。」

「你想的跟我想的一樣嗎？」土庫問大象，「或許我對席塔很不好，我知道我傷了她的心，可是，跟她在一起不好玩。在她面前，我怎

麼能裝成一個偉大的王子呢？你又怎麼能裝成我宮殿中的大象呢？席塔可能會笑我們！她可能會覺得我們很蠢。」

「今天我們要去看老戈文達，假如席塔跟我們一起去，他可能就不會告訴我們有關大象國王的秘密故事了。」

土庫想起戈文達曾經說過大象的事，他說：「大象不喜歡獨自行動，他們喜歡生活在群體裡面，假如一隻大象受傷了，其他的大象一定會幫助牠。」

有時自己一個人很無聊，土庫心想，有個朋友一起去說不定會很有趣，也許席塔會想出什麼新遊戲。沒有朋友很寂寞，說不定我應該改變主意，回去叫席塔今天跟我們一起去玩。土庫問大象：「你覺得我應該怎麼辦呢？」

土庫應該怎麼辦？

1. 列出土庫一個人到叢林去，會發生什麼好事？

2. 列出土庫一個人到叢林去，可能碰上的問題？

3. 研究你列出來的這張表。你覺得土庫應該邀請席塔和他一起去嗎？說說看，爲什麼？

展示學習成果

找兩個小朋友一起討論，假裝你們是「媽媽怎麼辦」這個故事裡的人物。你們可以扮演奧黛麗、吉米或媽媽，奧黛麗和吉米要幫助媽媽決定該怎麼辦。

奧黛麗應該想想可能發生的好事，吉米應該想想可能出現的問題，然後他們可以把自己想到的狀況告訴媽媽。

媽媽怎麼辦

奧黛麗和吉米為了玩具而爭吵，他們老是吵來吵去。奧黛麗想單獨和媽媽談談，所以她請媽媽到公園去散步，但是不讓吉米去。

吉米很難過。「這不公平！」他說，「我也想去。」

媽媽告訴孩子們：「我不知道該怎麼辦，你們可以幫助我做個決定。」媽媽問奧黛麗：「假如我們自己去的話，有什麼好處？」然後她問吉米：「如果我單獨和姊姊談話，會有哪些問題？」

1. 編一個有關小男孩或小女孩想保有隱私的童話故事。說說看在你的故事裡，保有隱私有什麼好處，又有什麼問題。

2. 從雜誌中，找出人們保有隱私的圖片，說說看圖片中保有隱私有什麼樣的好處，再說說看你覺得其中可能會有的問題。

LESSON 4

第四課 會議該有多少隱私？

本課會學到的概念

你已經學到了，隱私會帶來一些好事，也會引發一些問題。在這一課裡，你要運用所學來解決一個有關隱私的問題。

LESSON 4

本課詞彙

班級　幹部

1 參與班級活動

閱讀以下的故事，然後和同學一起決定該怎麼辦。

班級會議

梅老師班上的學生選出了班級幹部，獲選的人包括潔西、派特和愛瑞克。

派特希望幹部放學後能一起開個會。她不希望其他同學參加這次會議。

派特說她的規畫比較節省時間，發言的人不會那麼多，幹部可以談論自己的計畫，不用擔心別的同學提出問題。

潔西同意派特的想法。潔西說，保有多一點的隱私，做起事情來也會容易一些。愛瑞克可就沒那麼確定，他認為，班上的同學可能不同意這樣的想法，他們或許不喜歡幹部私下做決定。

這幾個幹部列出一張表，寫下如果私下開會，會發生什麼狀況。現在他們必須決定該怎麼辦。

為活動做準備？

首先，閱讀這個故事。每個人都應該扮演成故事裡的某個角色。

你可以當派特、愛瑞克或潔西。想想派特希望怎麼做。

把私下開會的好處列成一張表，再把可能出現的問題也寫下來。

寫完以後，三個人一組，進行討論。

進行活動？

每個人都應該和小組裡的人，分享自己列出來的內容，不只分享好處，也分享可能出現的問題。

先決定哪些事情是最重要的，然後針對每一件事進行討論。

你的小組要決定梅老師的學生應該怎麼辦。

從小組中推派一個人，把你們的決定告訴班上同學，同時說明原因。

深入討論？

大部分的小組提到哪些好處？

大部分的小組提到哪些問題？

你同意這些小組所做的決定嗎？爲什麼？

第五課
怎麼判斷隱私是否過度？

本課會學到的概念

有些時候，個人可能無法保有隱私。你會學到一組有助於幫助自己思考「隱私」的問題，然後你就可以用這組問題，幫助自己決定該怎麼做。

LESSON 5

本課詞彙

責任　允許　法律　價值　限制

何時應該限制或保護人們的隱私？

在我們的國家，隱私是一種權利。隱私權讓我們擁有很多的自由。我們有法律保障個人的隱私，尊重隱私權是一件很重要的事。

有時候人們想要很多的隱私，但有時候無法隨心所欲。碰到這種情況，我們就說隱私受到限制。

- 當我們說：「你不可以一個人」的時候，就是在限制隱私。
- 當我們說：「你得把秘密說出來」的時候，就是在限制隱私。
- 當我們說：「你得把口袋裡的東西拿出來給我們看」的時候，就是在限制隱私。

在機場

湯尼和家人要去探視祖母，他們準備搭飛機去。在機場，全家人都得通過一種金屬探測器。

這種工具可以找出你衣服或行李箱裡的東西，只要測到你身上有金屬物品，就會發出聲響，可以發現槍械或其他的武器。湯尼全家的隱私權因此受到限制，這個限制是為了保護飛機上乘客的安全。

LESSON 5

以下是限制隱私的一些原因：

→可以避免有人做壞事。

→可以知道是誰做了壞事。

→可以保護大家的安全。

決定要限制一個人的隱私並不容易，一定要有很好的理由，才能限制他的隱私。

小朋友想要有隱私，但是有些充分的理由來限制他們的隱私。小朋友應該被保護，避免受到傷害，當小朋友覺得自己不太安全的時候，一定要告訴大人。

小魚潔西的故事

還記得小魚潔西的故事，第四章裡面的內容嗎？毛毛很擔心，潔西有太多的隱私，他覺得潔西可能會受到傷害。

毛毛必須決定，是不是該把小岩洞的位置，告訴其他的小魚。

「喔，毛毛，你擔心得太多了！我才不害怕，我可是小魚潔西呢！我可以照顧自己的！」

「妳和其他小魚在一起的時候，他們可以照顧妳，但是妳一個人的時候，萬一碰上了麻煩，就沒有人可以幫妳了！」毛毛警告說。

小魚潔西在岩洞中享有多少隱私？

潔西對自己在岩洞中的隱私感覺如何？

「我不能留她自己一個人，」毛毛心裡想著，「或許我該把小岩洞的位置告訴其他的小魚，這樣他們就可以幫忙注意潔西！可是從另一方面來說，

我已經答應過潔西絕對不會把小岩洞的位置告訴任何人，哎呀，我該怎麼辦呢？」

為什麼毛毛想要限制潔西的隱私？

為什麼我們可能需要限制小朋友的隱私？

毛毛在決定該怎麼辦之前，應該先考慮哪些事情？

毛毛應該怎麼辦？為什麼？

哪些想法可以幫助我們思考有關隱私的限制？

你需要限制某個人的隱私嗎？你要怎麼樣決定？你可以採取以下這些步驟，這些步驟可以幫助你思考這個問題。

步驟一：誰想要隱私？
這個人想保有哪些事物的隱私？
為什麼他想要有隱私？

步驟二：誰想要限制隱私？
他要如何限制隱私？
爲什麼他想要限制隱私？
這個想要限制隱私的人，有權利這麼做嗎？

步驟三：可能發生什麼狀況？
這個例子裡，隱私會帶來什麼樣的好處？
可能會帶來什麼樣的問題？

步驟四：你決定怎麼做？爲什麼？

閱讀學校圖書館的故事，運用剛剛學到的步驟，設法解決李太太的問題。

學校圖書館

凱薩小學有一間很大的圖書館，很多小朋友會使用這間圖書館，他們在下課和中午休息時間到圖書館，在那裡看書或寫功課，李太太是圖書館管理員。

有一天，李太太決定隔出一個特別的空間，

她買了沙發讓大家坐，還買了一些棋類遊戲讓大家玩，另外還買了兩部電腦，和一些電腦遊戲。

李太太很忙，不能一直都盯著小朋友。於是，她訂出一些規則，這些規則並不會太嚴格。

圖書室規則

- 不要大聲吵鬧。
- 要把紙上遊戲收起來。
- 要保持房間的整齊乾淨。
- 要一起分享房間裡面的東西。

小朋友覺得這些都很棒，他們很喜歡這個地方，常常到這裡來。大部分小朋友都能遵守規定。

有些小朋友會犯規，他們會把房間弄得亂糟糟，有些小朋友不肯跟別人一起用電腦，有張沙發被弄壞了。有一天，有個學生受傷了，可是沒有人想告訴李太太，到底發生了什麼事。

李太太必須決定該怎麼做。她心想：我希望小朋友能夠有這個地方可以用，可是我得知道誰不守規則，說不定我可以裝個錄影機，高高的掛在牆上，把小朋友在房間裡做的事情全都錄下來，等我做完了一天的工作，我就有時間可以看錄影。喔，我該怎麼辦呢？我來問問小朋友的意見好了。

你覺得李太太應該怎麼辦？爲什麼？

展示學習成果

閱讀「七塊錢不見了」的故事，決定費雪先生該怎麼辦，運用所學的觀念，把你的想法畫出來，同時說明爲什麼做這樣的決定。

七塊錢不見了

費老師是二年級的老師，他讓班上的小男生和小女生擁有很多的隱私。學生們每天都會把自己的感覺寫下來，他們會寫快樂的事情，也會寫難過的事情。費老師告訴班上的學生，他不會去看他們寫的內容。

費老師還告訴班上的學生，他們可以把自己的東西放在抽屜裡，沒有人會去看。

珊蒂是班上的學生，她想買個禮物給媽媽，她有七塊錢可以花。

珊蒂到學校以後，把錢放在抽屜裡。上課前，她會先跟朋友聊聊天。

那天下午，所有的小朋友都到外面去打壘球，輪到珊蒂打擊的時候，她還打出一支全壘打！

回到教室以後，珊蒂看看自己的抽屜，錢不見了！她跑去告訴費老師錢不見了！費老師問，有沒有人看見那些錢，沒有人說話。

費老師不想違反自己的承諾，查看大家的抽屜。可是，他得幫助珊蒂……

你覺得費老師該怎麼做？

1. 把學校或教室裡限制隱私的規則，列出一張表來。

2. 閱讀第55-56頁「滴、滴、滴」的故事，把汪達決定要怎麼做的內容，編成一齣戲。你可以和其他同學一起合作，演給全班同學看。

滴、滴、滴

有一天下午，汪達朝窗外一看，看見朋友在外面玩，她也想玩，就趕緊下樓去。

到了二樓，汪達看見好大一灘水，那是從天花板上滴下來的水。

「滴、滴、滴」。

汪達又跑回樓上去看看是怎麼一回事。

她看到鄰居的門開著，心想：「或許有人沒關水龍頭。」

汪達敲敲門，沒有人回答。她又敲了敲門。接著她出聲呼喊，看看有沒有人在家，還是沒有人回答。

汪達想進屋去看看，可是她和鄰居不熟，她知道自己不應該沒得到允許，就跑進別人的屋子。汪達知道這樣做是違法的。

汪達在那裡站了一會兒。她一直在想二樓的滴水，試著決定該怎麼做。

LESSON 6

第六課 威爾森該不該保密？

本課會學到的概念

在上一課裡，同學們學到了隱私的重要，也了解為什麼有時候必須限制隱私，還學到可以根據某些步驟進行思考，以解決有關限制隱私的問題。現在同學們要運用所學來解決問題。

解決問題

1 參與班級活動

閱讀下面的故事，和班上其他同學一起想辦法解決這個問題。

神奇的羽毛

威爾森今年十一歲。他和他的家人都是美洲印地安人。

有一天，他們全家人一起去釣魚，在這個村子裡大部分家庭都會一起去釣魚。天色漸漸暗了，「我們都回家吧！」威爾森的爸爸說。

其他人都回到村子裡，只有威爾森沒有回去，他一個人走丟了。天色很快就完全暗下來了，威爾森迷了路，他開始覺得很害怕。

他試著想想該怎麼辦。後來，他發現地上有一點奇怪的亮光，就走上前去看得更仔細一點。

「是一根在黑暗裡會發亮的神奇羽毛！」威爾

森喃喃自語。他撿起羽毛，不久就找到回家的路。當快接近村子的時候，他停下腳步來思考。

這根羽毛帶我回家，我可不想把它拿給任何人看，萬一被別人看到了，這根羽毛的魔力可能就會消失。

他把羽毛用一塊布包起來，塞進皮帶中間，然後走回村子。

「回來了！」他的爸爸說，「你到哪裡去了？我們正要出去找你！」

「我是自己慢慢走回家的。」威爾森回答。

「那你拿了我的項鍊！」貝蒂珍大叫。

「妳這話是什麼意思？」威爾森問。

「我的項鍊不見了。」貝蒂珍說，「你找到我的項鍊了，所以你才這麼晚回來。那條項鍊就包在那塊布裡，塞在你的皮帶裡。」

「才不是，我沒有拿妳的項鍊。」威爾森說。

「那你就把那塊布裡的東西拿給我看。」貝蒂珍說。

「不，我不要。」威爾森說：「相信我！這不是妳的東西，我不用把它拿給妳看。」

此時威爾森的爸爸說：「不要吵了，我們好好解決這件事吧！」

於是他們三個人就坐下來，討論如何解決這件紛爭。

為活動做準備

三人一組，每個人扮演故事中的一個角色：威爾森、貝蒂珍、爸爸。

請每位同學運用上一課學到的觀念來思考這個問題。

威爾森必須說明，為何別人不能逼他透露布裡面包的是什麼。

貝蒂珍必須想辦法說明，為什麼威爾森的隱私應該受到限制。

爸爸必須準備，問這兩個小朋友一些問題。

LESSON 6

進行活動

威爾森的爸爸發起會議。

貝蒂珍應該第一個發言，說明自己的立場。

然後輪到威爾森說明自己的立場。

威爾森的爸爸可以問一些問題，幫助這兩個小朋友做出決定。

討論完以後，把你們的決定說給全班同學聽，並說明理由。

深度討論

班上大部分的小組決定怎麼做？

每個小組提出了哪些重要的理由？

你同意這些決定嗎？爲什麼？

NOTES

學習思辨的智慧

散播正義的種子

推展法治教育向下扎根

我們的孩子是否能在班上和同學討論問題、
制定共同的規則？
未來是否也能在團體中和同伴理性互動，
凝聚共識？
在重視人權的年代，能否尊重自己、也尊重別人？
是否學會在個人利益和公共利益間找尋平衡點？
能否體認在家庭、學校及社會的責任？
未來是否能善盡社會責任，成為社會的好公民？
公平正義是否已在孩子們心中萌芽滋長？
我們的社會是否能藉由教育，
而成為講公平、求正義的公義社會！

民主基礎系列叢書

兒童版（適用幼稚園～國小低、中年級學生）
標準本（22.5～29.7cm）

兒童版（適合教師教學與家長說故事使用）
大開本（29.3～38.2cm）

捐款專戶

銀行轉帳

戶名：財團法人民間公民與法治教育基金會
銀行：玉山銀行　城東分行（銀行代號：808）
帳號：0048-940-000722（共12碼）

郵政劃撥

戶名：財團法人民間公民與法治教育基金會
帳號：50219173

地址:台北市松江路100巷4號5樓
電話：（02）2521-4258
傳真：（02）2521-4245
更多資訊請見法治教育資訊網：http:// www.lre.org.tw
Email：civic@lre.org.tw

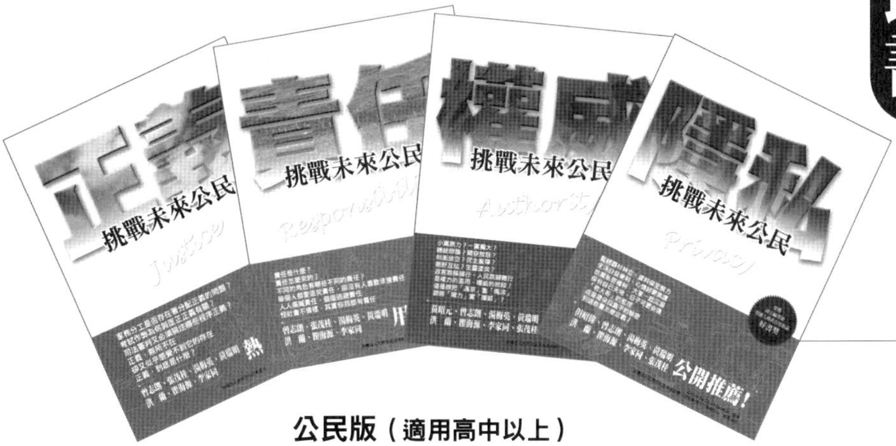